# 슈뢰딩거의 이별

한영미 시집

시인동네 시인선 234     한영미 시집

# 슈뢰딩거의 이별

시인동네

### 시인의 말

밤이 번지는 느낌은
어항이 놓아주는 물고기 같아요.
궁리할 겨를도 없이
팔딱 스며드는,

어디까지 번질까요.

내가 아닌 물고기가
내가 되어버리는

이제 그만 보내줄 때가 되었어요.
잘 가렴.

2024년 7월
한영미

**차례**

시인의 말

## 제1부

마술의 실재 · 13
잠의 세계 · 14
누군가 나를 꿈꾸기를 멈춘다면 · 16
빛의 착란 · 18
커서 · 20
라스코 벽화 · 21
검은 모래 해변과 돌탑들 · 22
현재 · 24
유리의 증명 · 26
다른 날 같은 자리에서 만나는 구름 이야기 · 28
드림캐처 · 30
당신의 4월 · 32
이상한 나라의 앨리스 · 34
슈뢰딩거의 이별 · 36

## 제2부

둘레길 · 39

알렙 · 40

알츠하이머 · 42

영등포 · 44

유고 시집 · 46

물의 여자 · 48

평범한 아침 · 50

헤아려보는 파문 · 52

착한 사람 · 54

그루밍 · 56

크로스 워드 · 58

타자 · 60

안녕, 시빌라 · 62

한여름의 크리스마스 · 64

## 제3부

불편한 침묵 · 67

돌을 나눠 가지고 · 68

일 인분의 감정 · 70

눈사람 · 72

세계의 발견 · 74

목관(木棺) · 75

나무 자세 · 76

아부다비 소녀 · 78

진실의 입 · 80

∞ · 82

꽃 도둑 · 84

벽에 걸린 여름 · 86

비는 멈추기 위해서 퍼붓는다 · 88

나도 모르게 일생을 살다 온 것 같은 · 90

## 제4부

내 안의 타인 · 93

오늘의 토마토 · 94

오 초간 · 96

숨 쉬는 것들은 늘 수위가 변한다 · 98

기약할 수 없는 말 · 100

나를 넣어 기르는 장(欌) · 102

객공(客工) · 104

템플스테이 · 106

영향권에 든다는 예보 · 108

팬데믹 · 110

우기 · 112

펭귄 · 114


**해설** 미시의 언어로 풀어내는 '중첩'의 세계 · 115
    염선옥(문학평론가)

제1부

## 마술의 실재

 무대 한가운데 상자가 놓여 있습니다 그가 내부를 열고 빈 속을 관객에게 확인시킵니다 그런 다음 나를 지목해 그 안에 넣습니다 상자를 닫는 동안 한 번 더 객석을 돌아봅니다 몸을 구부려 넣는 사이 자물쇠가 잠깁니다 인사가 장내를 향해 경쾌하게 퍼집니다 시작은 언제나 이렇게 단순합니다 그가 긴 칼 꺼내 듭니다 구멍이 숭숭 사방으로 열려 있습니다 하나씩 칼이 꽂힙니다 정면이기도 측면이기도 합니다 머리끝부터 발끝까지 상자를 회전시키고 뒤집습니다 비밀 따윈 애초에 없었습니다 보이는 것이 전부입니다 다리가 잘리고 팔이 잘리고 마침내 소리 없는 비명이 잘려나갑니다 그가 동백을 생강꽃이라고, 씀바귀를 신냉이라고 주문을 욉니다 나는 생강꽃이 되어 생강— 생각— 바닥 두드리고, 씁쓸한 신냉이가 되어 신냉— 신음— 되어갑니다 실체도 없이 거대한 그가 나를 어디에나 있게 하고 어디에도 없게 합니다 칼은 탄식을 재단합니다 마술이 끝나면 나는 상자에서 걸어 나가야 합니다 그리고 아무렇지 않게 웃어야 합니다 나는 이제 내가 아닙니다 상자 속 한 여자를 잊어야 합니다

## 잠의 세계

기시감이 다중우주처럼 차원을 달리해 펼쳐지다가
낯선 풍경으로 지워지길 여러 차례

이름을 불러서 뒤돌아보면
다시 볼 수 없는 사람의 다정한 목소리가
뒤따라오기도 하고
미로에서 엇갈려 멀어지기도 한다

당신은 이미 내게 없는 사람이에요

결말을 알고 있는 나는 외쳐보지만
소용이 없다 매번 복습하듯
재현되는 시간

미래가 과거를 덧씌워도 완전히 가릴 수는 없어서
커다란 눈동자가 붉어지기도,
하염없이 비가 내리기도 한다

그 모든 것은 각자의 시간이 겹쳐진 세계라서,
너는 나라는 눈동자를 보지 못한다

깨어보려고, 혹은 깨어나려고
부단히 애를 써보지만 그럴수록
무수히 많은, 서로 다른 세계로 갈라지고 있다

너는 지금도 여전히 꿈속 어딘가를 헤맨다
그것은 찰나이거나 한 생(生)이라서

뒤척이는 몸을 붙잡고 놓아주질 않는다

## 누군가 나를 꿈꾸기를 멈춘다면


폐허의 복원은 우연한 발견 때문이었지요

유적이 발굴되었을 때 어디에도 사람은 없었어요
숭숭 뚫린 구멍에 석회 물을 부어 넣었더니
놀랍게도 사람 형상이 굳어 나왔다고 해요
허공도 사실은 누군가의 틀이었던 거죠

그래요, 나는 당신 꿈에 주입된 복제본이에요
하지만 그런 당신도 에디션에 불과했던 것은 아닐까요

화산폭발에 놓인 최후의 모습들을 보았어요
죽음이 간절해하는 것은 결국 삶이라는 것을
절박은 누군가의 형틀이겠지요

우리, 라는 자리에 석회 물을 흘려 넣고 싶었어요
껴안은 채 수천 년 묻혔다가 복원된 형상엔
영원도 묻어 있을까요

기억을 흘려 넣으니, 유적지의 횅한 바람벽조차
그 자리를 지키느라
그리 오래 견뎌왔다는 걸 알겠어요

숱한 감정이 찍혀 나오고 있어요
하지만 그러한 과정이 원형으로부터
점점 마모되어 가고 있다는 것을,

당신에게서 나를 깨어내고 있어요

## 빛의 착란


도착했다고 생각하는 순간 그곳에 있지 않아요
그것은 당신과 나의 궤도의 일,

우주의 표정으로 어떤 비유가 맞을까
서로의 태양계를 찾아 들어설 겨를도 없이,
입자를 입고 만나 어떤 형상이 진짜라고
믿어야 할까, 탐색할 기색도 없이

무늬를 그릴 수 없을 땐 슬픔에 중력이 생겨요
시간에 매달려 있다고 시가 되지 않는 것처럼
사랑에 매달려 있다고 서로가 되진 않아요
공전하듯 헐렁해진 관계는
빈 페이지로 넘어가는 날들이 대부분이지요

접근금지 푯말이라도 넘어설 수 있었다면
그것은 아마도 이것저것 재지 않는
속도의 문제 아닐까요
젖은 눈빛을 대고 구름을 켤 수 있었다고

하지만 우리가 정말 만나긴 했었던 걸까요

마주 볼 수 없는 암흑물질처럼
죽음을 베껴 쓰고 또 베껴 쓰다 보면
다음날은 다른 유성이 올 수도 있다고,

흉곽에서 뼈가 이물리도록 기다림을 비틀었더니
그 안에 팔딱거리는 심장이 만져졌어요
찰나의 골자를 새겨놓은
당신이란 착란이에요

## 커서


해킹 문제가 해결되었습니다
이제 메일 및 메시지를 주고받을 수 있습니다


망자가 된 어느 시인의 SNS 화면,
생전의 글귀가 검은 입술처럼 달싹인다


어쩌면 그에게는 죽음도 해킹에 해당될까
커서가 껌벅일 때마다 착시가 인다


죽어서도 죽지 못하는 눈을
상상해 본다


창 하나를 지워도
검은 나비 같은 팝업창은 살아서


누군가 자꾸 호출되고 있다

## 라스코 벽화


  늦은 저녁 지하에서 전철을 기다린다 급행열차가 빠르게 스쳐 지날 때 순간 비치는 객차 안이 벽화다 내일이 없다면 저들은 들판에 주저앉아 바람에 취할지도, 풀들은 제멋대로 자라 낙원을 이룰지도, 문득 눈빛에 황토를 갈아 섞는다

  누군가 한 손에 쥔 소의 심장, 불뚝불뚝 흘러내리는 피, 동굴 속은 축제인지 숭배인지, 창을 든 사내의 머리는 새다 두 팔을 날개처럼 벌리고 한가운데 누워 있다 보이지 않는 환호가 근육질이다 여섯 명의 사내가 원형 춤을 추며 호기심을 가두고 있다

  불빛이 소음을 밀며 들어오고 있다 진동을 타고 바닥이 가늘게 흔들린다 모두가 일체가 되어가는 떨림, 바퀴가 구를 때마다 리듬이 쏟아진다 발 구르는 소리, 발기된 채 벽 속에서 기다리는 몸짓, 그가 눈을 감는다 벽화 속으로 밀려 들어가고 있다

# 검은 모래 해변과 돌탑들

> 꿈속에서나, 깨어 있을 때, 어떤 책의 책장을 들출 때,
> 모퉁이를 돌 때 나타날 것이다.
> —보르헤스, 「셰익스피어의 기억」 중에서.

모래톱이 크고 작은 돌탑을 담고 있다

산에서 계곡에서 바위에서
몇만 년 동안 부서져 내려 해변에 닿은 돌들
숭숭하고 검다

잔돌이 손에 들려 층층 얹어질 때
먼 바다가 중심을 잡아준다
그러다 수평선이 자리 털고 일어나면
돌에도 돌아갈 구석이 있다는 듯
툭, 발자국을 신어본다

해변엔 돌탑만 남아
뭉그러져 가는 서녘으로 무너질 듯 말 듯
기울어간다 물살이 밀려올 때마다

모서리 쓸어 달각대며 흔들리기도 한다
한 번의 파도에도
어떤 돌은 금세 휩쓸리고,
어떤 돌은 박힌 듯 남아 더 단단히 새겨진다

돌탑은 바다를 견디는 게 아니라
바다를 놓아주는 게 아닐까
돌을 만져 부서졌다면 다 머물렀다는 뜻이다

무수한 돌들이 새로 탑이 되는 동안
모래로 사라지는 것들
검은 모래가 익명을 끝없이 늘여간다

# 현재

현재라는 이름은 엄마가 지었다

다른 사람의 미래를 점쳐 주는 엄마에겐
붙잡고 싶은 것이 현재였을까
사람들은 줄지어 앞날을 물어오는데

엄마의 바람과는 달리
현재가 심약해질 때면
불쑥 훗날이 옮겨붙어
눈앞에 스쳤다고 한다

뒤꼍에 핀 달맞이꽃을 닮아가는 현재에게
그것은 무섭고도 당황스런 일이었지만
해가 거듭될수록 다행인지
흔들리지 않을 만큼 심지가 자랐다

미래가 현재에게 말을 걸어오면
현재는 미래를 입 밖에 꺼내지 않았다

설사 그것이 위협일지라도

내일을 내보이면 오늘이 감정을 버렸다
끝이 훤히 보이는 사랑
쉽게 져버릴 목숨
바람처럼 사라지고 말 꽃잎들

하지만 다른 것에 마음을 기대는 것은
억울한 누군가에게 꽃대를 맡기는 것이어서

유일하게 받아 적을 미래의 말이 있다면
엄마에겐 현재뿐이었다는 것

엄마는 현재가 나아질 거라고 점쳤고
어느 날 눈이 멀었다

# 유리의 증명

공이 날아와 창을 깨뜨리기 전까진
아무 일도 일어나지 않았다

당연해서 잊고 사는 것들이 있다
날카로운 파편을
유리가 흉기처럼 품고 있다는 것도

용도가 정해지면
그 틀에 끼워져 또 다른 창문이 생겨나
닫아걸 수 있다는 고루한 인습이 되고

사는 일이 역할들로 채워져
날마다 같은 일상을 되비칠 때
유리가 끼워진 것도 잊은 채
창틀이 문이라고만 믿고 있다가

어느 날 문득,
날아온 공이 예고도 없이 와장창 깨뜨렸을 때야

유리 조각 하나하나를 받아들이게 된다
깨진 조각을 쓸어 담다 베이기도 하면서

살아 있다는 반영(反映)은 있는 그대로가 아니라
순간의 저항이 만들어내는 투사다
무뎌진 내면에 홈 하나가 파이면서
거미줄처럼 조각조각 번져 나갈 때

아주 세밀한 소리까지 내게 부딪쳐 온다
더 이상 틀에 끼워진 유리로서가 아닌
존재로서 증명되는 일

유리는 깨졌고 나는 뚫려 있다

# 다른 날 같은 자리에서 만나는 구름 이야기



하나의 표지판을 가진 두 바다가 있었어요

절벽으로 막혀 있어 이스턴 비치는 파도를 드러내지 않는 조용한 바다에요 그곳엔 카페가 통창의 눈으로 서 있었어요 벽면에는 바스키야의 그림을 닮은 낙서들이 걸려 있었고요 아무리 뒤섞인 마음도 잠시만 앉아 있으면 정적인 바다의 배경이 되곤 했어요

반대편엔 심해를 뒤엎어놓은 것처럼 파도가 드높은 버클랜드 비치가 있어요 소라껍데기가 되어 가만히 귀를 열어두고 서 있으면 어느 순간 안에 가둬둔 소리가 쏟아졌어요 가끔 그 시간이면 커다란 개와 산책 나온 노인이 손을 흔들어 주곤 했어요 짖지 않는 개는 황혼 내리 덮인 주인 뒷모습을 닮았어요

바닷가 편의점에서 종일 알바를 하던 동양인 여자를 알게 되었어요 영어가 짧은 그녀의 말은 두 단어에서 끝나곤 했어요 하이, 땡큐! 그런데 유독 드높이 파도치던 날, 그녀가 무수한 말을 할 줄 안다는 걸 알았어요 보고 싶다와 가고 싶다는

말이 교차하는 동안 자폐를 앓고 있다던 아이 이름을 열 번쯤 되뇌었어요

 이스턴 비치와 버클랜드 비치를 오가는 구름들이 있어요 한 자리에 오래 머물다 돌아서는 구름을, 다른 날 같은 자리에서 다시 만날 수 있었어요

 두 바다를 가진 하나의 표지판이 있었어요

# 드림캐처

무지개 한 톨 쪼아 먹고 있어야 할 새의 깃털이
노점에서 행인들 시선을 가다듬고 있다

어쩌다 이 나라에까지 와서 나부끼는지

고리 안에 그물을 엮는 사내의 눈빛이
깃털처럼 불안하다

낯선 세계가 그어놓은 경계처럼
모퉁이를 전전하는 보퉁이에는
떠나야만 했던 절박이 묻어 있다

익숙하지 않은 생김새와 말투지만
진짜 깃털이라고 반복하는
그의 말이 믿어질 만큼 쪼그려 앉아 있다

문득 그에게서
고국의 가족이 아프면

깃털 꾸러미가 흔들린다는 이야기를 듣는다

악몽을 걸러내면 몸도 가벼워진다는
그의 말을 몇 개 사가기로 했다

웃음으로 슬픔을 감출 수 있는 것은
먼 누군가 나를 위해 울어준 적 있다는 것,

그가 덤으로 알록달록한
구슬 하나를 더 채워준다
깃털은 어눌한 그의 미소처럼 하늘거렸다

오늘 밤 새 한 마리가 내게 날아와
케케묵은 악몽 하나 물어가기를

## 당신의 4월*

꽃들은 어김없이 수명을 서록한다

내년이나 올해나
흩날리는 꽃잎들은 귀로 먼저 들려오고

낙화도 자책이 될까
슬픔이 겹겹 쌓이는 동안에도
꽃무덤은 여전히 봄을 간섭하고 있다

끝내 가지를 놓지 못해 낯선 현기증이 인다
모가 닳은 칫솔처럼 뭉툭한 우듬지에
햇발 하나 꽂아두고,
불현듯 올려다보는 마지막이라는 벚꽃

그날의 비가 내린다
떨어진 어린 꽃잎들 물속에 잠겨
헤어나지 못한 채 흘러간다
얼마나 허우적댔으면 저리 힘없이 실려 갈까

모두가 휩쓸리고 난 뒤
아무 일 없었다는 듯 비는 그치고
사람들은 이 봄날을 소란스럽게 채우는데

이별을 받아들이지 못할수록
꽃 지는 소리가 비명인 줄을 알아서
4월은 꽃을 앓는다

귀를 막아도
꽃은 지고, 또 지고

---

＊이민휘 영화 OST에서 제목 차용.

## 이상한 나라의 앨리스

라면으로 첫 끼니를 때운다
바닥엔 파지처럼 굴러다니는 이력서들
열정 하나로 통했던 시대는 갔다
모래 수렁을 떠도는 비문의 유령들,

오늘은 이 회사에서 내일은 저 회사에서
같은 얼굴을 만나고도 기억하지 못한다

모래바람은 깊은 수렁을
덮기도 하고, 만들어내기도 한다
빠져나오려는 안간힘은 몇 번의 좌절이면 족했다
움직일수록 흘러내리는 모래의 깊이는
늪처럼 빠져들고, 바닥처럼 측량되지 않는다

입구가 사라지는가 하면 출구가 봉합되기도 한다
수렁이 무덤이 되는 것은 한순간,

어제도 국화 한 송이를 놓고 왔다

가수와 진수가 구별되지 않는 교묘함에도
구덩이를 채운 숫자는 갈수록 넘쳐난다
쌓여가는 빈 소주병이
발굴된 유물의 전부가 될 것이다

전화 한 통이면 빠져나올 수 있는 꿈이면 좋겠다
남은 국물에 식은 밥 한 덩이 말아
시어빠진 김치 쪼가리로 후르륵 위장을 채운다

내비게이션 토끼는 어디로 사라졌을까
낯선 얼굴들이 모래 수렁에서 길을 찾고 있다

# 슈뢰딩거의 이별

상자는 너에 대한 나의 두 마음
나의 두 마음이 너를 향한 확률

너는 살아서 빛나는 파란 눈을 보지 못하고
죽어서 굳게 내리감은 눈꺼풀을 본다

손을 넣어 등을 만져볼 기척도 없이
흔들어 깨워볼 겨를도 없이 너는,

죽음을 쓰다듬는다
쓰다듬는다 죽음을

그 순간부터 나는 고양이,
그에 걸맞은 이별의 자세가 된다

# 제2부

# 둘레길

가닿을 수 없는 수심 깊은 강물을
넋 놓고 바라보곤 한다

몸을 감춘 새들은 나뭇가지에서
못갖춘마디로 내걸린다
그것은 멀리 있어서 차라리 비음이다

숨어든 이 독한 침묵을 부절(符節)*이라 할까
차가운 낮달 머리에 이고서
갈대가 서걱거린다

한 번쯤은 바닥에 내리꽂히는 현기증처럼
구체적일 순 없는 걸까

출렁다리가 눈썹처럼 길게 걸쳐져 있고
그 눈빛 품느라 그늘이 짙다

──────
*아리스토 파네즈.

# 알렙*

몇 마디 말을 나누어도
상대의 안에서 작동하는 그 무엇,
마치 전체를 보고 나서
다시 사소하게 돌아오는 것처럼

아무리 숨겨도 훤히 바라볼 수 있는 눈
사람들은 이런 네게
사람이 달라졌다고 한다

머리카락이 다시 자라기 시작했고
15kg이나 빠져버린 몸은 마른 나뭇가지 같지만
눈매는 깊어졌다
너는 이제 곧 살이 오를 것이다
하지만 예전으로 돌아가도
이전과 같을 수 없는 것은
볼 수 없는 것을 보았기 때문이다

긴 어둠의 터널 끝에서 펼쳐지던

실꾸리 같은 빛의 형상
그것은 이 세상의 것이 아니어서
밖에서 안을 들여다본다

너는 내 안에 들어 있는 너를
다시 네 안에 들어 있는 나와
내 안에 들어 있는 너를 보았고**

가까운 이름들을 차례로 떠올리다가
마침내 네가 낳은 사랑을 입속으로 불렀던가
그리고 마지막엔 네 이름조차 놓아버렸던 그때,
비로소 주어졌던

함구해야 할 차원이 생겼다

---

*보르헤스의 소설 제목.
**내용 중 어투 변용.

# 알츠하이머

매일 한 페이지씩 뜯어낸다
빈 노트 띠지만이 퇴행의 흔적으로 남아 있다

빼곡했던 내용이 몸을 기억하지 못하듯
여백 많은 표정이 낯설다

처음 본 듯한 활자 속을 다녀가듯
시선이 그냥 지나친다

과거를 다 잃기 전에 만나고 싶었다며
잠시 다녀갔던 사람은
지난여름 끄트머리에서 타인이 되었다

자신이 아닌 사람이 되어
어느 날 문득 섬망에서 만나겠다는 듯

두 눈만이 새까맣고 또렷하게 빛난다

사람으로 인해 위로도 상처도 받지만
가장 멀리까지 가본 감정이었으므로

그리워서 다시는 올 수 없는 시간을 간다

# 영등포

그녀가 먼저 와 기다리고 있다

나뭇잎들이 갓길에 부려지는 중이다
어깨로 툭 떨어져 내린 버즘나무 한 잎에서
문득, 손바닥만 한 생활이 느껴진다

한때는 나무가 집이고, 저녁의 끝이었을 것이다
갈수록 선명해지는 잎 뒷면에는
스쳐 지나왔을 심경이 펼쳐져 있다

함께 수액 나누던 시절 되새기듯 나무가
잎을 내려다보고 있다, 잎도 나무를 올려다보고 있다
다시 바람이 불어간다
남은 잎들이 동요하듯
간간이 날아올라 공중을 쥐었다 펼친다

삭정이가 떨어져 내린 옹이는 뭉친 심장 같다
푸른 중심을 잡아주고 다독여왔지만

인내는 어느 순간 눈물 한 방울에도 경계를 무너뜨린다

어제도 그제도 아닌 하필 이 시간
어깨 위에 떨어진 버즘나무 한 잎이
초췌한 낯빛으로 나무를 올려다본다
나무도 마른 가지를 늘어뜨리며
잎을 바라보고 섰다

이삿짐 트럭이 왔다

## 유고 시집

생(生)을 소진해 가면서도 남은 힘을
시에 건넨다는 것은,
활자가 대신 살아낼 것이라는 확신이었을까

사라져 버리는 것들로 가득한 이곳에
한 권의 시집으로 남겨진 사람

세상은 비유와 상징이 무수히 접힌 신의 책이다
우리는 목차에서 다른 누구도 될 수 없고
다음 장이 넘겨지기도 전에
신은 갈피끈을 끼워 덮어버릴 수도 있으니

우리가 접면이 울도록
생을 살아내는 동안에도
결말이 이미 마침표에
이르렀을지도 모르는 일

무한으로 가는 수많은 문장 중의 나를

고를 수 있다면,
그것이 사는 이유라면,
죽고 태어나는 건 주술 관계일 뿐이겠지

그리고 어느 날,
유성처럼 어둠 속으로 덧없이 사라져도
희미하게 남은 빛을 다해
이 생의 누군가에게 읽힐 수 있을지도

시집을 펼치자
문장 하나가 떨어져 내린다

## 물의 여자

유리병이 여자를 담고 있어요

탁자 위에서 턱을 괸 것 같은 기울기로
햇볕이 쏟아져 들어와요
그 사이로 이해와 오해로 지어진 집이 있어요
어깨가 비스듬하게 기울어진 채로 서 있어요

여자는 백향목을 길러내고 있어요
세상이 다그칠 때마다
한쪽으로 쏠린 수위에서 숨이 술렁거려요

햇살이 비치면 물빛으로 반짝이기도 하지만
집은 대부분 비가 내린 날이 많아요
물때가 지워지지 않아 눈물로 남아 있고요
외벽엔 낡은 밧줄 자국이 선명해요

이따금 썩지 않은 물소리가 들려요
그것은 흐느끼는 것인지 젖어 드는 것인지

알 수 없어요

가끔 울컥거리기도 하는 것은 몸속에 잠긴
백향목 때문일 거예요
그때만큼은 영원이 뿌리를 뻗는 시간이지요
반쯤 열린 창문이 끝없이 푸르게 넘실거려요

여자에게 자꾸 빗물이 들이쳐요
조금만 흔들려도 모서리가 부딪칠 것만 같아요
날마다 파편이 되어 쏟아지는 말들,
여자는 너무 투명해서 꿈조차 깨지기 쉬워요
이제 그만 놓아주세요

당신의 병은 더 이상 이 여자가 아니에요

## 평범한 아침

어제는 졌고 오늘이 다시 피었다
그렇다고 하루가 꽃으로 보이지는 않는다
무슨 일이 있었냐는 듯
시간을 심어 가꾸는 나의 정원은
몸을 하위로 분류할 뿐

나는 긴긴 잠에서 깨어났고
여러 꿈이 다녀갔다
도대체가 이어지지 않는 파편이었지만
잇대어져 기억 속에 끼워졌다
어떤 것은 사납고 어떤 것은 아름다웠지만
잔상조차 남지 않은 것들은
골몰해도 들춰지지 않았다
지나갔으므로 사진첩처럼 덮어야만 한다

식사가 가능하겠냐고 누군가 물어왔다
변함없음을 확인하는 데는 밥만 한 것이 없어서
그 흔한 인사말을 붙잡고 살아간다

이젠 모든 것이 다 끝났다고
잘 버텨냈다고, 의사가 마침표 찍듯 말해줬다
잘 버텨내서 주어지는 것이 아침

어제가 끝나서 다행이다, 생각하며
돌아누웠을 때

충북 옥천에 가을 벚꽃이 피었다는 뉴스를 접한다
손목에 밤새 감겨 있던 묵주를 바라본다
사람을 살리기도 죽이기도 하는

식사 배급하는 이가 나를 일으켜 앉힌다
아침상(賞)이다

## 헤아려보는 파문

미루나무 물그림자 어른거리는 연못에
돌을 던진다

파문이 일렁일지, 퍼질지
음 소거하고 상상하는 동안

이해할 수 없는 나의 퉁명이
제법 옴팡지다는 걸 알게 된다
찔끔 구름이 비쳤으므로

마음은 부유물이 많아서 탁할 때가 있다
어수선하게 떠 있던 자존심도
가라앉으려면 얼마의 시간이 필요할까

나무는 가지 하나 늘어뜨려
그 속이 안녕한가,
동심원을 모으고 있다

던져진 돌의 파문이 누군가에게 밀려갈 때
나도 그 주름일 수 있겠구나, 라는
변명에도 구차한 무게가 있다니

공연한 구름이어서
수면 아래 속내에 영향을 미친다
서식이라는 것도 누군가에게는
자리 잡아주는 일이라고

비견할 만한 또 다른 파문을 내 안에 둔다
흔들려 깨진 어딘가에 누가 있다

## 착한 사람


고철 덩어리가 우그러진 채 공터에 버려져 있다

착한 사람은 일찍 데려가신대
천사로 쓰시려고……

위로가 위로로 들리지 않을 때가 있다

남 좋은 일만 하다 가버린 그를 떠올렸다
의식이 없는 순간까지도 남을 위했던,

몸에 붙은 보석을 조각조각 다 떼어내 나눠준 뒤
용광로에 던져졌다는 동화,
그 뒷이야기가 더 이상 궁금하지 않다

남겨진 사람들은 얼마간을 빠져나오면
서랍에서 이따금 슬픔을 꺼내는 볼 것이다

나비 한 마리가 빈 꽃밭에서 멀어져

다른 꽃밭으로 날아가고 있다

사후 장기 기증에 서약하면
생명을 나눠줄 수 있다는 기사를 휴대폰에 저장하다
나도 모르게 끈다, 살고 싶어서

착한 사람 곁에 착한 사람이 놓이면
사는 일이 꽃밭일 텐데

꽃들은 일찍 져버리고

바닥엔 짓이겨진 꽃잎과 빈 줄기들이
고철 덩어리처럼 한데 엉켜 있다

# 그루밍

예리하게 베어낸 자리에 새잎이 돋았다

그것 봐, 잘라내니 다시 돋잖아
무언가를 얻기 위해서는
과감하게 버릴 줄도 알아야 해
그는 자신만만하게 말했다

점차 내 안엔 나도 모르는 얼굴이 생겨났다

사랑은 상처로 키우는 거야
그는 흡족한 표정으로 어깨를 으쓱거렸다

그 말이 끝나기 무섭게 또 한 차례
칼날이 지나갔다
그것을 기뻐해야 당연한 것일까
곁가지의 무게가 더해질수록
비어 있는 어제가 자꾸 돌아봐졌다

마당엔 비를 맞는 화분들이 즐비하게 놓여
뿌리까지 흠뻑 젖고 있다

오 이런, 선인장이 과습하면 안 되지
그는 뛰어가서 다급하게 화분을 실내로 들였다
가시를 키우던 줄기가 화들짝
빗소리를 털어냈다

다행이다, 다행이야
물 묻은 손바닥을 털면서 그는
마치 그 마음을 들여다본 듯이 끄덕거리고

식물들은 내성마저 꺾인 채
다행이란 말뜻을 곱씹고 있다

# 크로스 워드


#그때는

 사랑을 기입할 수 없었으나 사, 랑을 떼어서 여자의 가로 열쇠를 채워 넣었다 아파트에는 수많은 창문이 있었고 몇 개의 불빛으로 연결됐다 그와 여자는 한 칸에서 환했으나 쉽게 지워지리란 걸 알지 못했다 고백이 나열되면 변명이 된다는 것도 새벽의 일이었다 여자는 그를 바둑판무늬에 나눠 감정을 붙였다 첫과 끝을 뒤섞으면 진실이 되는 걸까 아무리 미래를 채워 과거를 맞춰보려 해도 아귀가 맞지 않았던 건 한 조각의 불신 때문이었다 퍼즐은 끝도 없이 어긋나고, 결과는 도미노처럼 연쇄적으로 틀어졌다 여자가 건네받은 열쇠는 비로소 부재에서 열렸다

 #지금은

 사랑을 끝내 채웠지만 가로 세로가 맞지 않다 아파트 창문은 불빛을 포기해 어떤 대입으로도 열리지 못한다 뒤늦은 고백만 정적의 중심에 십자로 놓여 있다 그는 여자를 바둑판무늬처럼 회상에 채워 넣는다 간유리 같은 후회 너머 얼룩이 남아 있다 위로는 구차하지 않았으므로 고백은 유효한 키워드

였을까 더 이상 맞지 않는 열쇠 구멍, 궁리할 사이도 없이 결별은 새로운 판을 짠다 크로스 워드가 그와 여자를 마지막으로 채워나가고 있다. 퍼즐의 결과는 알 수 없다 비 오는 새벽, 그가 열리지 않는 문을 두드리고 있다

  사랑은 가로 세로의 시간 차가 틀려야만 보인다

## 타자

책장을 정리하다 옛 책갈피에서
떨어져 내린 사진 한 장

창밖에는 눈이 내리고
캄캄한 밤이 가로등을 켠 것처럼,
감광성 세계 하나가 불쑥 되살아나
생각을 휘청거리게 한다

아직 기억의 부채가 남아 있었던 것일까
내게 없는 누군가에게
나는 여전히 살아 있었다는 듯
무심한 얼굴이 사각 속에 있다

순백의 앳된 얼굴로, 지울 수 없는 눈물로,
그곳에서 아직 있었다니

한꺼번에 어떤 날들이
불특정 이미지로 몰려들었다

마치 들어설 수 없는 초점이 확대되듯
시간 저 너머가 눈밭 위로 얼굴을 드러낸다


괜찮냐고 걱정스럽게 묻는 듯했지만
대답할 수 없었다
감각은 여전히 몸의 피사체일 뿐이므로


나는 이십 대의 나를 너라고 불렀다
이십 대의 너는 나를 당신이라고 불렀다


네가 나를 돌아본다
손을 내밀어 닿기도 전에 사그라든다


같은 듯 다른 눈빛이
나를 다시 끼워 넣는다

## 안녕, 시빌라



말들이 날아다니네

영원보다 중요한 것은 젊고 건강한 육신이나
후략의 말로 천형을 사네

스크린도어가 열리면 여기저기서
튀어나오는 유령들
육신을 얻지 못한 말들이 날아가
여린 꽃 옆에 쪼그리고 앉아 빈손 내미네
허공에 눈물 뿌리네

알 수 없는 꽃들은 돌아볼 사이 없이 툭툭 지고
몸 빌려볼까,
그들 곁을 오래 어른거리네

세상은 두 종류의 사람들
끝내 아프거나 아픈 척하거나

아픈 것들은 파고들기 전에
소리도 없이 시들거나 짓이겨지고,
아픈 척하는 것들만 오래도록 살아남네

갈 곳을 잃었네
수천 년 바람에 실려 시공을 헤맸어도
사막처럼 내려앉을 곳 없이 황량해

몸을 얻지 못한 말들로 육신을 얻고자
오늘도 아픈 것들을 찾아 헤매네

바람에 실려 다니는 말들이
허공에 떠 있네

## 한여름의 크리스마스

  얼고, 얼지 않는 거리를 사이에 두고 두 감정이 오간다 어디쯤이니? 따뜻한 나라, 보고 싶다는 말을 쉽게 꺼내는 너와 꺼내기 어려운 나는, 눈을 한 번도 본 적 없다던 그곳 아파트 관리인 이야기를 하며 풀렸다 서로 모르는 마음 같은 것도 있다고, 오늘도 나는 너를 위해 기도했다 너는 나를 늘 염려한다고 했다 기도가 염려에 닿으면 기도 일부가 서로의 안녕이 될까 나는 이제 아프지 않아서 곁을 떠났다고 생각하지만 너는 아프지 마, 라고 말했다 그곳에서도 폭죽 터지는 소리가 들렸다 보고 싶다, 라는 말이 묻혔다 너는 뭐라고 했어? 라고 되묻고 주변에선 이방(異邦)의 언어가 재촉을 했다 나는 메리 크리스마스, 라고 대답했다 너의 웃음소리가 잠시 내게 머물다 엷어진다 종소리처럼

제3부

# 불편한 침묵

늑대들은 기억하지 못해요
기억하지 않아야 속이 편하대요
못하는 것과 안 하는 것의 차이는
눈치와 염치의 불문율,
그들은 무리 속 어디에나 있어요
횃불 높이 세우고 한 마리 양을 찾고 있어요
양의 탈을 쓰고 있다가도
늑대로 바꿔 쓰는 일은 어렵지 않아요
늑대의 탈을 쓰고 있다가도
양으로 지목되는 일도 어렵지 않아요
늑대나 양이나 최면에 걸린 듯
낙인을 찍어야 다 같이 살 수 있어요
세상엔 모두가 늑대, 모두가 양
양 한 마리 제물로 사라지면
누군가 또 양이 되겠지요
기꺼이

# 돌을 나눠 가지고

#검정 돌

사각의 프레임이 집요하게 가해를 부추긴다. 다정하고 짓무른 반들거림 속에는 아무리 당겨도 끊어지지 않는 패가 있다. 혼자서는 에워쌀 수 없어 잡히는 대로, 닥치는 대로 누구라도 거눠야 한다. 그것이 너희였을 뿐,

#흰 돌 1

기척이 복기 되고 있다. 어항 속 물고기의 눈처럼 덜컹거리는 동공이다. 이 시간이 지나갈까, 지우면 없는 일이 될까, 기억은 어쩌면 버려진 포석일지 몰라. 내게 둔 상처만큼 네가 숨을 트는 거라면, 나의 선택은 막다른 곳에서 진을 치는 것, 아무렇지 않은 표정으로

#흰 돌 2

만남은 우리를 번갈아 갈라내었다. 달그락대는 감정, 그것이 마지막 수가 되다니, 마치 드러낼 색을 기대하듯이, 너의 손끝이 스칠 때마다 물릴 수 없는 길이 드러났다. 어느 날엔가는 우리가 완성된다고 끝없이 선들이 이어졌다. 판의 밖은 언

제나 타인

 # 흰 돌 3
 두고 나서 깊어지는 후회처럼 검정은 나를 길들였다. 어떤 경계에 서 있느냐고 망설이고 있을 때 거슬러 올라가지 못한 흰 돌 하나, 외따로이 놓여 있는 것을 보았다. 어제의 검은색이 오늘의 흰색이 될 수 있으므로, 모든 것이 다 끝난 뒤에도 무수한 돌이 되어야 한다고, 하지만 수면 위를 튀어 오르는 숭어처럼 나도 상처를 엎어보는 것이다.

# 일 인분의 감정

고시촌 골목을 돌아 나오니
다시 고시촌이다

편한 데 앉으세요,
식당 주인이 널찍한 홀을 가리킨다
혼밥집이란 간판이 이럴 땐 상술이 아닌
배려란 생각이 든다

사각 테이블 그릇에는 음식이 모서리까지 채워져 있다
외로움이 가격으로 정해지는 메뉴라면
허기도 골라 먹을 수 있겠다

벽 가장자리에
마음껏 먹되 음식을 남기면 벌금을 문다고 쓰여 있다
나 또한 어떤 마음껏이 남긴 벌금의 심경인지

그러나 양이 아무리 차고 넘쳐도
마주 앉은 누군가가 없어

일 인분의 감정을 지불해야 한다고,
호사스러운 상차림을 눈앞에 두고도
공중에서 젓가락이 방향을 잡지 못한다
말 없는 선택만 있을 뿐

혼자일 땐 밥을 잘 먹어야 한다,
대충 먹는 끼니 대신 식당에 온 이유를 상기한다

간이 잘 배인 음식을 회전판 돌리듯
하나씩 맛본다
한 바퀴만 돌아도 접시가 휠 상차림이다

허겁지겁 다 비웠지만
어딘가 채워지질 않는다

# 눈사람

다시 오겠다는 약속을 눈밭에 세워둔 채
서로 돌아선다

밤새 발자국이 지워지는 동안
멀리 창밖에서 내다보는 눈빛이 있다
먼 훗날 자신들인 줄 모른다

눈사람,
거쳐 간 털장갑 자리 중 하나가 들뜬다
그곳이 먼저 잊힐 구석이라는 듯
조금씩 무너지고 있다

밤은 여전히 다녀가는 과정이지만
눈사람에게는 누군가의 뒷모습이다
새벽에 서 있던 눈사람이
아침이 오면서 스르르 스러져간다

함께 만들어 놓고 잊어버리는 사람이 있고,

잊어버린 걸 함께 다시 만들자는 사람이 있다
그러나 내어줄 수 있는 만큼만
서로는 뭉쳐지는 것이라서

관계를 궁굴리어
소유했다고 믿을 수는 있어도
가질 수는 없다

하지만 눈사람은 사람을 가졌다
사람을 가져서 눈사람이 녹는다

멀리 창밖에서 내다보는 눈빛이 있다

## 세계의 발견

한 권의 책 속엔
가로로 이등분된 두 개의 시공간이 달려 있다
슬프게 끝나는 이야기와
행복하게 끝나는 이야기

어린 신들은 피조물의 운명에 대해 턱을 괴고 골몰했다 그리고 마침내 저마다의 세상을 짓기 시작했다 그들의 원칙은 자신의 경험을 최대치로 만들 것, 모험과 고난이 가식과 허영을 벗겨내야 한다는 것이다 주인공이 굽이굽이 위험에 빠지거나, 배신이 믿음을 쓰러뜨리거나, 미로가 출구를 찾아 헤매는 이야기가 이어지는 동안 세계가 그들에게 열중했다 행복이 슬픔의 지면에 넘나들기도 하고 복수가 우스꽝스런 잔꾀에 빠지기도 했지만 생(生)은 결국 한 권의 책이어서 다 채우고 나면 주마등처럼 줄거리가 눈앞에 펼쳐졌다 그 모든 것이 감정에서 비롯되었으니 신들의 표정이 흡족했다

어린 신들의 세계가
우주 어딘가에서 펼쳐지는 오후였다

# 목관(木棺)

끝이 있다는 것을 까맣게 잊고 살았지
책장을 넘기듯 무심코 지나가는 하루하루
난 나의 변화무쌍한 책을 읽느라
어느 날 갑자기 너의 책이
찢겨 사라질 수도 있다는 것을 예감치 못했어
오늘 아르카디아에 살고 있다면
내일도 당연히 붉은 태양 아래 짙푸른 땅 밟으며
황금 같은 시계 종소리에 맞춰 눈을 뜨리라고 생각했어
날마다 안부를 묻는 건강한 목소리
그때가 마지막인 줄 알았더라도
인사도 생략한 채 보냈을까
꽃상여에 묻혀 떠나는 너 보지도 못하고
오래도록 빈 하늘 바라보며 바다만 그렸어
어디든 하나로 이어져 있으리라고
이제는 나란 책을 펼치면 매 페이지에
부록처럼 달라붙어 있는 목관과
짧은 한 줄의 글
아르카디아에도 나는 있다[*]

---

[*] 니콜라스 푸생의 그림에 쓰인 글 차용.

## 나무 자세*

한옥마을 초입부터 나무들이
저마다의 가지로 볕을 떠받치고 있다
손바닥 두 뼘만큼의 허약한 둘레여도
담장에 기대지 않았다

우리는 사진을 찍기 위해 매트를 깔고
나무 자세로 선다
금세 대청마루 아래 숲이 생긴다

바람 스칠 때마다 이파리가 살갗에 와닿는다
언제부터 키워온 잎들일까
흔들리는 것들은 모두 중심에 매달려 있다
안간힘 다해

굽은 등, 늑골과 가슴이
위아래서 잡아당기기라도 한 것처럼
꼿꼿하게 펴지고
구경꾼들의 소음에도

합장한 손바닥은 흐트러짐 없다

몸에 힘이 풀리면 다 사는 거다
나약해질 때마다 등 뒤에서 들려오던 목소리

태초의 생명이 물질에서 비롯되었다는데
이제껏 나는 나를 여기 두고
무엇을 찾아 헤맨 것일까

수백 년 직립해 온 나무 안에 정령이 깃들어 있듯

흔들리는 나를 매달고
몸이 지반 깊숙이 뿌리를 내린다

---

＊요가의 수행 동작.

# 아부다비 소녀


소등이 아시아 상공의 소음을 삼켰다

기내에서 잠이 들었을까
작은 인기척이 검지를 가만히 감아쥐었다
설핏 눈을 떴을 때
새까만 눈동자가 기대왔다

늘 그래왔다는 듯
고개는 어깨를 점유한 채 잠에 빠져들었다
낯선 나의 손가락을 꼭 쥐고

갑자기 편안감이 밀려들면서
얼굴에 얼굴이 겹쳐졌다 나는 누구의 어깨에서
잠든 날들일까

기억이란 다만 기댄 자의 것
지구가 아니라도 상관이 없었다

그 시각, 그 비행기, 그 항로에서
단 한 번 접촉한 안온이
먼 미래에 각인이라도 된 것일까

아부다비를 발음하면
눈동자에 푸른빛이 돈다
이유는 알 수 없다, 그저 섬광처럼

나도 누군가의 꿈일 수도 있다고

## 진실의 입*


고대 원형 석판 앞에 진실들이 줄 서고 있었다

입에 손을 넣고 거짓을 말하면 손목이 잘린대,
우리는 그 말을 듣고 열에 합류했다

수많은 오독은 서로를 오가면서
전부를 내어주기도 했고,
전부를 외면하기도 했다

그 거짓을 확인하고 싶어졌다
그것이 질문에 답이 된다면
손 하나를 내어주고 싶었다

대리석 표면엔 강의 신 홀르비오의 얼굴이 새겨져 있었다

강물은 밖에서 보면 하나의 얼굴이지만
안에서 보면 숨겨진 무수한 결이다

진실의 입이 하수구 맨홀 뚜껑이라니
악취의 범람을 막기 위한 홀이 입이라니

궁금한 의문들이 계속해서 대리석 가면에 들어갔다
닿지 않는 속에 손은 잠시 닿은 것 같았다

그러나 거짓은 없었다,
사실만 존재할 뿐

거짓을 말하는 순간에도 진실은 네게 있었다

---

*로마에 있는 진실을 심판하는 것으로 전해지는 얼굴 조각상.

∞

펼쳐진다는 건 하나의 세상을 만난다는 것
덮는다는 건 그 세상을 허문다는 것

수면 아래 가려졌던 음의 파형이 밖으로 솟구쳐
전과 후가 확연하게 달라져도
물의 세계는 변함없이 흘러간다

잔잔한 물결, 거칠게 일어서는 바람, 휘몰아치는 너울,
집채만큼 부풀린 태풍의 위력,

하지만 순간을 비껴갈 수 있는 것은 없어서

치솟은 높이만큼의 세기로 바닥에 떨어져
부딪히고 깨져서 내는 소리가
저마다의 생(生)이 내지르는 비명일 거라고
파고가 수위를 높인다

거대한 바다는 죽은 돌들 가득한 모래톱을

일일이 포괄하는 무한대여서

불면의 양 떼, 미망의 거울이
극한의 숫자에 있다

## 꽃 도둑

화단에 도톰하게 올라온 선인장 가지가
예리하게 잘려져 있었다

가져갈 게 없어 하필 꽃 도둑일까
쪼그려 앉아 망연히 바라보는데

도화에 마음을 빼앗겨
담장 넘어온 가지 하나 꺾을까 했던
어느 날의 망설임이 떠올랐다

온갖 도둑이 판을 치는 마당에
고작 가지 하나 꺾어다가 키워보겠다는 것이니
얼마나 꽃을 곁에 두고 싶은 사람인가,
웃어넘기기로 했다

아무리 곁에 두고 보아도
싫증 나지 않는 것이 식물이다

씨 뿌리지 않은 토마토며, 참외가 여기저기서 싹을 들어올
린다
두 그루 심은 백합은 올봄에 네 그루가 되어 돌아왔다
바람 타고 날아든 유채꽃이 어느새 노랑을 흔들고 있다

그들 속에 있으면 나도 무한히 피고 지기를 반복하는
식물 같아서

활짝 피었던 생에서 어떤 꽃 도둑에 들려
어딘가 또 다른 목숨으로 피게 될지도 모른다는 생각

## 벽에 걸린 여름


겨울이 춥고 길어서 여름이 벽에 못 박혀 있다

넘실대는 푸른 숲으로, 내리꽂히는 햇살로, 농익을 대로 익어 벌어진 열대 과육으로, 속절없이 푹푹 빠져드는 그림자로 너는 처음인 듯, 마지막인 듯 내게 다녀갔고, 나는 정오의 금박에서만 머물고 있다

이제 겨울은 여름으로 건너갈 수 없고 여름은 겨울로 올 수 없어서, 시공간 두 개로 마주하고 있다

왜 붙잡고 싶은 것들은 쉽게 무르거나 상해버리는 걸까

서성거리는 녹음 아래 그늘이 물컹하게 자라나 한쪽으로 쓸리어 있다 어느 날엔가는 끝없이 지속될 것만 같았던 숲도 잎들을 끊어내며 길을 들일 것이다

그럼에도 여름은 여름이어서 누군가는 아직 벽에 걸어놓고 있고

서로가 손을 거둔 자리에 다시 여름은 오지 않지만, 언제나 더 많이 사랑한 쪽이 남아 그 자릴 지켜내고 있다

시곗바늘이 원심력을 얻을수록 볕은 약해지고, 중력은 무덤 하나를 수평으로 끌어당긴다

한낮 열기가 굵은 잎맥 뒷면에 새겨져 있다 나무들은 헐겁게 늘어서서, 그리움에도 거리가 필요하다며, 바람의 성대를 빌려 발음한다

너를 불러세우면, 내 몸 어딘가에서 잠든 숲이 되살아나 넘실거리고, 다시 잎사귀마다 젖어 들어서,

갸우스름히 걸린 여름이 떨어지면서 쿵 소리를 냈다

## 비는 멈추기 위해서 퍼붓는다

짙은 먹구름이 일더니 그새 사방이 어두워졌다

기민한 빗줄기를 감지하는 건
회색의 콘크리트 벽들,
언젠가 무너져 내릴 제 그림자에서
실금을 길어 올리고 있다

무료한 농담처럼 늦은 오후가 어두워진다
툭툭 떨어지기 시작하는 빗방울들이
뇌우의 수신호를 따라 한순간에 덮쳐온다
우리는 통창 안에서 잠시 황량해졌다

돌이킬 수 없다고 말하는 폭우의 경계란 실은
스며드는 암영의 농간이 아닐까
실낱같은 기미를 모두 놓치고서야 우리는
갑자기란 말을 쏟다 갑자기,

비는 내리기 위해서가 아니라 멈추기 위해서 퍼붓는다고

점점 더 굵어져 갔다
때론 무기력도 기압골의 영향을 받는다

컵 안의 커피가 얼음을 둥글리는 동안
서로가 마주 볼 수 없는 밤은 오고 있고,
시시각각 온몸에 스며들고 있다

익숙해진 어둠이 다정하게 어깨를 두르고서
짙은 다크서클을 드리울 땐
피할 수 없는 예보도 비껴가기를,

모처럼 만에 침묵이 적중했다

# 나도 모르게 일생을 살다 온 것 같은

너머를 떠올리는 일은
이미 예정된 내가 나를 부르고 있다는 것

내 안엔 이미 수억 년 이어온
내가 살고 있고
세상 어느 것 하나 우연인 것은 없어서

터번을 쓴 여인이
낙타 타고 사막의 능선을 넘어서면서,
하얀 이 드러낸 원주민 소녀가 맨발로
수평선을 활처럼 당기면서

이쪽을 돌아본다
한때의 나였던 그녀들의 눈빛

나도 모르게 그 풍경 속에서 일생을
살다 온 것 같은

# 제4부

# 내 안의 타인

링거 줄이 오른 팔목을 감고 걸쳐 있다
순순히 몸 안으로 들어오는 기척,
누군가 내밀한 나의 문을 밀고 들어선다

내일과 오늘이 다시 만날 수 없듯이
나는 나를 앓고 있다
미세 혈관을 타고 곳곳에 기억이 번진다

어떤 피는 서정이 되기도 했고
어떤 서사는 아직도 내 몸을 떠돌고 있다

이제껏 지탱해온 뼈처럼
스스로 살아왔다고 생각했는데,
어느 틈에 불현듯
누군가가 되어

출구도 없는 코마에서 흘러 다니고 있다

## 오늘의 토마토

플라스틱 팩 안에 담긴 오늘은
서로를 온전히 담지 못한다


날마다 크기를 더해가는 나무는
가지 끝을 잘라주면
아프다는 말도 없이 성장을 멈춰줄까


같은 얼굴이면 좋겠다는 생각은
입안에 가두고
어떤 얼굴이 정말이냐고 물어오면
거울에 비친 모습이 매번 다르다고 답한다


우리 앞에 놓인 토마토는
어쩌다 완숙
금방이라도 터질 것만 같은 자세로
얄팍한 접시 위에 놓여 있다


짓무른 감정을 외면하는 너는

젓가락처럼 마른 손가락으로
당도를 체크하듯
아무렇게나 꾹꾹 눌러보곤 한다

믹서기를 돌리기도 전에
눌린 손톱자국에선 속즙이 흘러 만져지고
시럽을 넣어야 좋아할까, 묻는 내가 싫어서
등을 돌리고 빈 볼에 쏟아붓는데

칼날이 작동하기가 무섭게
눈에서 왈칵 뭉크러지는 토마토

밑접시의 무늬는 여전히 어긋나 있다

## 오 초간

눈물은 빛의 각도에 따라 색을 달리 입는다

눈동자에 슬픔을 담기 위해
같은 눈빛을 오래 지켜본 사람은 안다

어느 날엔 한없이 다정한 곁이었다가
소소한 오해로 풀리기도 하고, 명치끝이 깊어지기도 한다
살을 에는 분노가 되기도 하지만, 한순간에 목을 놓아버린
뜨거운 연민이 되기도 한다

감정의 전후 차이로도 원하는 마음을 얻지 못해
돌아서는 일이 많았지만
그 순간만을 담을 수 있는 표정은 어려웠다

누군가 나를 붙잡았을 때,
나중이라는 말로 외면했던 날을 떠올린다

지나고 나면 몇 달이 가고

해를 넘겨도 들을 수 없고
다시는 볼 수 없었던 적도 있었다

그때 그었던 선이 지금도 패여 있을까
무엇이 중요한지 알았더라도 오늘과 같았을까

왜 꼭 그 순간이이야만 했냐고
묻고 싶을 땐, 이미

눈물이 마른 뒤였다

# 숨 쉬는 것들은 늘 수위가 변한다

가슴이 지뢰밭이군요

유방 검진했더니
치밀 조직을 지녔다고 말했다

불안이 이스트처럼 부푼다

너는 두근거리는 가슴에 손 얹고 휘파람을 불었던가

촘촘한 시간의 결을 떠올렸다
슬픔이 꽉 찬 것처럼 자주 숨이 찼고,
터질 듯 버거웠다

위험이란 말끝에 와카티푸 호수가 생각났다
심장이 살아 있어 수위 조절이 어렵다는
빙하 호수,
거인의 박동이 느껴졌다

날지 못하는 새들이 호숫가 주변을 뒤뚱거리며 먹이를 찾고 있었다
평온한 풍경이었다

아파트 숲을 헤집고 흔들어대던 태풍이 지나갔지만
풍경은 다시 평온해졌다

휩쓸고 간 것들은 전진만 있고
뒤돌아보는 법이 없었다
너 역시도 그랬다

숨을 쉬는 것은 나를 몰아가는 것이다
살아가는 내내 숨은 치밀할 것이다

가슴이 지뢰밭의 영역을 넓힌다

## 기약할 수 없는 말

갑작스럽겠습니다만 슬픔을 등록해드렸습니다

자세 고쳐 앉은 의사가 공손하게 말했다
해줄 수 있는 최대한의 선의인 양
안경테 바짝 끌어올리며

병동엔 항암 모자들이 바퀴를 밀며 오갔다
그는 그들 틈에서 언제 끝날지 모를
검사를 받고 또 받았다 금세 푸른 멍들이
팔뚝에 피어났다

언젠가 꿈에서 본 긴 행렬이 떠올랐다
맨 앞이 계속해서 지워지던,
창백한 사람들이 번호표 쥔 채
여전히 차례를 기다리고 있었다

기다리는 동안 망연한 얼굴들이
두서없이 떠올랐다

믿는 것에 의해 후생이 달라진다면
나는 대체 누구의 믿음으로 여기에 있는 걸까

한결같은 말로 건네는 위로에
오히려 위로를 얹어 돌려줘야 할 것만 같아서
난감한 돌덩이 하나 주워 들 시간

그가 명치 부근을 두드린다

# 나를 넣어 기르는 장(欌)


몸 안에 새 한 마리 산다
모이를 꼬박꼬박 주지만 좀처럼 길들지 않는다


오늘따라 물도 입에 대지 않고
파드닥대다 날개를 다친다
한번 가두면 꺼내주지 못하는 곳


깊은 밤, 새소리에 잠을 깨곤 한다
조심스레 그 안에 손을 집어넣으면
부리가 세차게 쪼아댄다
알아들을 수 없는 그 울음


밖에서 닫힌 문은 안에선 열 수 없어
몸 밖만 꿈꾸는지 날마다 깃털 가다듬는다


몸이라는 장(欌)이 있어
갇히는 것과 가두는 것의 의미가 생겨난 것이겠지
비좁은 바닥에서 사랑이 사랑을 낳는다는 것도

알게 되는 거겠지

한 생을 온전히 넣어 두어야 할 새장은
저마다 있어서
그곳을 둥지라 고쳐 부르면
물어다 준 슬픔을 늘름늘름 받아먹으며
떠날 채비도 할 수 있겠지

새장 열고 새를 날려 보내듯
내가 나를 놓아줄 수 있지 않을까

## 객공(客工)

재봉틀 소리가 창신동 골목을 누비고 있었다

담장이 막다른 대문을 맞춰 다리면
원단 묶음 실은 오토바이가 주름을 잡았다
스팀다리미 수증기 속으로
희망도 샘플이 되던 겨울

어린 객공은 노루발을 구르다 손끝에 한 점
핏방울을 틔우곤 했다 짧은 비명이
짓무른 패턴에 스미면,
엉킨 실은 부풀어 오른 손가락 감고
밤하늘의 별자리를 이었다
이제 그 슬픔도 완제품이다

붕대처럼 동여맨 구름

자수(刺繡)의 밤하늘은 그녀의 눈물을 진열한 쇼핑센터가 아닐까

화려하게 화려하게
너무나 눈이 부셔서

쪽가위처럼 날카로운 바람에

이따금 실밥처럼 잘려나가는 유성을 보았다

# 템플스테이

마음도 갈아입어야 입장할 수 있다니
모두 한 벌의 침묵을 둘렀다
식사하면서도 서로를 겉돌지 않은 건
어두워서 맑은 눈빛 때문이었다

꼭 만나고 가야 하는 인연들이 있어
세상에 온 것이라고, 스님은 매듭이 있다 했다
나는 후생이 지은 업을 쥐고 풀어가느라
현생이 결박되어 있다고 여겼다

누군가와 한방을 썼지만 각방 쓰는 것처럼
거리가 자연스러웠다
어린 친구가 왜 여기까지 홀로 왔을까 궁금했지만
돌아누운 어깨에 낯선 적막이 있었다

'조고각하(照顧脚下)'라는 글귀가 곳곳에 붙어 있었다
발밑만 잘 살피고 걸으면
미래에서 과거로 길이 이어진다고

기와가 곡선을 얹듯
허리를 굽혀 낮추자 비로소 기도가 보였다
몸이라는 빈껍데기를 채우는 것도 기도가 아닐까

나는 종교도 없이 두 손을 모았다

# 영향권에 든다는 예보

   비가 쏟아붓고 지나가면 내게도 수위가 생겨난다 젖은 풍경이 먼 곳에서 다가와 한 뼘가량 높아진 생각을 보여준다 잊혀간다는 건 물리적 거리와 상관없다는 듯

   예고도 없이 지인이 문병을 왔다 영향권에 든다는 예보처럼, 시내에 볼일이 있어서…… 말끝이 가랑비로 흐려졌다 공원 벤치에 나란히 앉아 캔 커피와 생수병을 쥔 채 나눈 말이 고르지 못한 날씨 얘기가 고작이다 한 시간 남짓이다 몇 시간 걸려 와서

   스며드는 것들에는 설명이 있지 않다 태도가 본심의 얼룩이라면 불쑥 나타나는 게 마음이다 비가 오는 날은 나이도 마찰지수가 떨어져 시간도 느려진다

   근접해 있어도 내게 없는 사람들이 있다 멀리 있어도 나와 함께 살아가는 사람들이 있다 시선이 놓지 못하는 것, 일기 불순은 언제나 거기서부터 비롯된다

어느 날은 옷깃만 적시다 가기도 하고, 어느 날은 전신을 흠뻑 적시고도 모자라 나를 흘러넘치기도 한다 비 다녀간 처마 끝, 마지막까지 맺혔다 떨어지는 빗방울 심정이 되어보기도 한다

지하철 입구에서 손을 한번 흔든 지인은, 한 눈금씩 낮아지다 보이지 않는다 비는 그쳤지만 절벅거리는 발소리가 내 안을 오래 거닐고 있다

## 팬데믹
— 한밤의 흰병꽃나무가 되어


　잠결이 실뿌리처럼 뒤척인다 밤의 무게를 감당하느라 어둠을 좀 더 쥐고자 했는지, 나는 깨어 있다

　의사는 당분간 격리되어 홀로 피어 있어야 한다고 당부했다 비현실감이 온몸을 휘감는다 혈관 타고 오르내리는 병증을 짚어보지만 아무것도 감지되지 않는다 알 수 없어서 내게 흰빛이 돈다

　혼자서 뻗어보는 막막한 가지들, 누군가에게는 밤도 자양분이겠지만 거칠게 밀려드는 무언가가 자꾸 나를 바닥에 내려놓는다 줄기를 바짝 세워본다 조금씩 흔들리는 게 통증일까 아니, 생각이 통증을 만들어내고 있는 것은 아닐까, 알 수 없다는 것이 병의 근원이 되기도 한다

　열감이 사라지지 않고 실관 타고 온몸을 돌아다닌다 감각이 봉오리에서 휘고 있다 끝이 보이지 않는 사위가 숨을 턱턱 막히게 한다 아침은 온다고 모두가 말하지만 오지 않는 아침도 있다고, 바깥을 감당할 수 있는 꽃만이 목이 길어지다 끝

내 고개를 숙인다

흰병꽃나무가 내 습한 방향에서도 피고 있다

## 우기

 보도블록 헤아리듯 느릿하게 내리는 빗방울이 종잇장처럼 얇다 먹구름의 속도는 언제나 전염이 강하고, 발자국이 뒤처진 자리마다 도드라져 웅얼거리는 소리, 버스 정류장에 서서 듣는다

 흘러가는 차창은 모두가 같은 얼굴, 지치도록 가리키는 차선의 방향은 늘 똑같고, 가끔 밖으로 내몰리는 얼굴을 외면하기 어렵다 저 빗속을 얼마나 통과해야 다다를 수 있을까 신호등 하나를 넘기면 또다시 이어지는 표류

 사람들이 하나둘 승차벨에 쓸려나갈 때 복기 되는 풍경은 언제나 미동도 없다 노선을 벗어나는 건 자신을 잃는 것이라고, 차창은 기침하듯 들썩거리며 젖은 먼지를 삼킨다 나도 어딘가에 유폐되고 싶었던 걸까 한쪽으로 쏠리는 어깨가 부딪치는 것도 위로일지도 모른다는 생각

 어둠은 한 번도 길을 잃는 법이 없어서 주소도 없이 찾아온다 젖은 신발처럼 자꾸 뒤가 볼품없이 끌리고, 끝도 없이 어

긋나는 왼발과 오른발은 부정교합만 같다 혼잣말로 나를 너라고 읊조려도 보는 저녁, 어디에도 속하지 못한 것들이 빗물에 지워지고 있다

펭귄


관람에 익숙한 사람일수록
자신이 관찰되고 있다는 걸 모른다


얼음의 신념이 모두의 맹목을 충족한다
얼음판 위에서 퍼레이드로
좀 더 가깝게 보려는 펭귄들


밖에서는 우스꽝스런 걸음새 흉내 내며
볼거리를 제공하고 있다


아이들의 먹이로 짧은 날갯짓이 던져진다
무리에서 떨어져 나온 한 마리가
유리벽에 바짝 붙어 있다


구경하기는 서로가 마찬가지지만,
관람객을 내보내는 건 펭귄들의 몫이다


우르르 다음 사람들이 이동해 오고 있다

해설

# 미시의 언어로 풀어내는 '중첩'의 세계

염선옥(문학평론가)

　예술과 철학은 전혀 다른 맥락으로 구성되고 실현되는 각자의 세계이다. 하지만 어느 순간, 철학과 예술은 그것들을 쥔 손이 인간의 것이라는 점에서 한 몸으로 만난다. "무엇이든 철학적으로 고찰할 수 없는 것이란 없다."(수잔 K. 랭거, 박용숙 옮김, 『예술이란 무엇인가』, 문예출판사, 2009, 9쪽)는 말이 실감 나는 순간이다. 특별히 훌륭한 예술 작품은 한결같이 철학적 문제를 풍요롭게 환기한다. 철학이 인간의 의식을 논하고 예술이 의식이 포착한 것을 미학적으로 승화한다는 점에서 철학과 예술은 불가피하게 중첩되어간다. 잘 알려져 있듯이, 예술은 '나'의 '최초'의 것을 펼쳐내는 객관화 작업이다. 한영미 시인은 이러한 '최초의 객관화'가 이루어지는 '나'에 대한 사유 과정으로

『슈뢰딩거의 이별』을 풀어낸다. 시인은 우리가 객관이라고 믿었던 것들에 이의를 제기하면서, 이항대립의 사고방식을 벗어나려는 동시에 관계, 시간, 장소, 삶과 죽음에서도 이분법적 대립 구도를 허물려는 의지를 보여준다. 따라서 그에게 모든 사물이나 현상은 '중첩' 상태에 있으며 '그러데이션' 된 것이다. 그러한 이해 방식은 자신의 시가 어떤 철학적 사유를 동반할지를 암시적으로 보여주는 장치로 활용되고 있다 할 것이다.

## 두 끝을 쥔 손 사이

한영미 시집 『슈뢰딩거의 이별』에는 "기시감이 다중우주처럼 차원을 달리해 펼쳐지다가/낯선 풍경으로 지워지길 여러 차례"(「잠의 세계」) 한다는 마술의 세계가 펼쳐진다. 마술사는 마술이 이루어지는 모든 변화 과정을 관객에게 보여주지만, 처음과 끝은 어차피 마술사의 손에 감추어져 있을 뿐이다. 다시 말해 마술사는 처음과 끝을 쥐고 자신이 보여주고 싶은 것을 창조하는 자다. 시인도 마술사와 유사하지만 두 사이에 차이가 있다면 시인은 자신이 보여주고 싶은 것을 창조하지 않고, 보이는 것 즉 "내가 아닌 물고기가/내가 되어버리는"(「시인의 말」) 과정을 기록한다는 점이다. 보르헤스는 나이 여든에 임한 한 인터뷰에서, "나는 두 개의 끝 부분을 봅니다. 그

끝 부분은 시나 이야기의 처음이자 끝이에요. 그게 다예요. 나는 그 사이에 있어야 할 것을 지어내야 합니다. 만들어내야 해요. 그게 나에게 남겨진 일이죠. …… 길을 잘못 들어설 수도 있고, 갔던 길을 되돌아와야 할지도 몰라요. 다른 어떤 것을 지어내야 할지도 모르죠. 하지만 언제나 처음과 끝을 알고 있어요."(호르헤 루이스 보르헤스, 서창렬 옮김, 『보르헤스의 말』, 마음산책, 2015, 36쪽)라고 하였다. 이는 시인이 처음과 끝을 분명히 알지만, 사이에 존재하는 모든 것들이 제 마음대로 움직이는 것을 기록한다는 점을 강조한 것이다. 여기서 처음과 끝이란 '섬'이 물과 뭍을 아는 것과 같으며, 자신의 정체성과 욕망을 끊임없이 좌절하게 하는 과정에서 자신을 피어나게 하는 것과 같다. 라캉에 의하면 인간이란 욕망과 언어의 산물이 아니던가. 한영미의 시는 어떤 주제를 내세우려 하지 않고, 그저 '나'를 찾기 위하여 거리를 걸을 뿐인 이의 움직임을 기록한 결실이다.

무대 한가운데 상자가 놓여 있습니다 그가 내부를 열고 빈속을 관객에게 확인시킵니다 그런 다음 나를 지목해 그 안에 넣습니다 상자를 닫는 동안 한 번 더 객석을 돌아봅니다 몸을 구부려 넣는 사이 자물쇠가 잠깁니다 인사가 장내를 향해 경쾌하게 퍼집니다 시작은 언제나 이렇게 단순합니다 그가 긴 칼 꺼내 듭니다 구멍이 숭숭 사방으로 열려 있습니다 하나씩 칼이 꽂힙니다 정면이기도 측면이기도 합니다 머리끝부터 발끝까지 상자를 회전시키고 뒤집습니다 비밀 따윈 애초에 없었습니다 보이는 것이 전부입니다 다리가 잘리고 팔이 잘리고 마침내 소리 없는 비명이 잘려나갑니다 그가 동백을 생강꽃이라고, 씀바귀를 신냉이라고 주문을 욉니다 나는 생강꽃이 되어 생강— 생각— 바닥 두드리고, 씁쓸한 신냉이가 되어 신냉— 신음— 되어 갑니다 실체도 없이 거대한 그가 나를 어디에나 있게 하고 어디에도 없게 합니다 칼은 탄식을 재단합니다 마술이 끝나면 나는 상자에서 걸어 나가야 합니다 그리고 아무렇지 않게 웃어야 합니다 나는 이제 내가 아닙니다 상자 속 한 여자를 잊어야 합니다

—「마술의 실재」 전문

이 시편은 시인이 쥐고 있는 처음이자 끝이요 그가 추구하는 시적 세계를 담고 있다. 시인은 시의 실재를 마술의 실재로, 시인의 삶을 마술사의 삶으로 보여주면서 시인의 욕망에 생기를 불어넣는다. 상자 속 여자는 시인일 수도, 시인이 바라보는 시적 질료나 시어일 수도 있다. 마술사가 꽂는 칼에 잘려나가는 과정처럼 시는 자신의 것을 도려내면서 그 자리에 새로운 존재가 놓이도록 한다. 화자는 상자에 들어간 여자가 "이제 내가" 아니므로 우리는 "상자 속 한 여자를 잊어야"

만 한다고 말한다. 이는 시인이 자기 생각을 비워내려는 노력을 통해 '새로움'이 생겨나게끔 하는 과정을 함축한다. 루이스는 이와 유사한 방식으로 모든 예술 작품이 우리에게 첫 번째 요구하는 것이 '항복'이라고 말한 바 있는데, 우리가 가지고 있는 선험적 지식과 선입견에서 놓여날 때 비로소 우리는 '눈'을 사용하여 제대로 관찰할 수 있음을 의미한다(C. S. 루이스, 홍종락 옮김, 『오독』, 홍성사, 2017, 29쪽). 마술사는 여자를 상자에 넣고 "그가 동백을 생강꽃이라고, 씀바귀를 신냉이라고 주문을" 외우면 "나는 생강꽃이 되어 생강— 생각— 바닥 두드리고, 씁쓸한 신냉이가 되어 신냉— 신음— 되어"가 결국 "실체도 없이 거대한 그가 나를 어디에나 있게 하고 어디에도 없게" 만들어낸다. 우리는 마술사가 헌신하는 현란한 말을 통해 새로운 사유를 하는 동시에 원래 지니고 있던 의미와 그것을 중첩해 나간다. 이처럼 시인의 역할은 마술사처럼 일상적인 것들과 관계 맺고 있는 말들을 뽑아내어 획일화된 세계와 결별시켜 새로운 의미로 생성시키는 데 있다. "나는 이제 내가" 아니고 '나'는 마술사에 의해 새롭게 탄생한 '나'가 된다. 여자는 "생강꽃이 되어 생강— 생각— 바닥 두드리고, 씁쓸한 신냉이가 되어 신냉— 신음— 되어"가며 무수히 많은 다른 기표들의 연속체가 된다. 데리다에 따르면 인간의 인식은 사물을 개념화할 때 그 불안정함을 이항대립에 근거하여 보충하려는 성향을 지닌다. 물론 그는 이에 따른 이분법적 대립을 해체하고자 했다. '선'을 설명하기 위해 '악'이라는 차이가 필요하고 '따뜻함'을 위해 '차가움'을 존재하게 하는 사유방식이 옳은가를 되물은 것처럼 시인도 "한 권의 책 속엔/가로로 이등분된 두 개의 시공간"만이 존재한다고 말한다. 모든 책 속엔 "슬프게 끝나는 이야기와/행복하게 끝나는 이야기"(「세계의 발견」)만 들어 있을 뿐이라며 이러한 이항대립의 세계는 시인들에 의해 해체되어야 함을 역설하는 것이다.

> 한 권의 책 속엔
> 가로로 이등분된 두 개의 시공간이 달려 있다
> 슬프게 끝나는 이야기와
> 행복하게 끝나는 이야기
>
> 어린 신들은 피조물의 운명에 대해 턱을 괴고 골몰했다 그리고 마침내 저마다의 세상을 짓기 시작했다 그들의 원칙은 자신의 경험을 최대치로 만들 것, 모험과 고난이 가식과 허영을 벗겨내야 한다는 것이다 주인공이 굽이굽이 위험에 빠지거나, 배신이 믿음을 쓰러뜨리거나, 미로가 출구를 찾아 헤매는 이야기가 이어지는 동안 세계가 그들에게 열중했다 행복이 슬픔의 지면에 넘나들기도 하고 복수가 우스꽝스런 잔꾀에 빠지기도 했지만 생(生)은 결국 한 권의 책이어서 다 채우고 나면 주마등처럼 줄거리가 눈앞

에 펼쳐졌다 그 모든 것이 감정에서 비롯되었으니 신들의
표정이 흡족했다

어린 신들의 세계가
우주 어딘가에서 펼쳐지는 오후였다
—「세계의 발견」 전문

한영미 시인은 "어린 신들이 피조물의 운명에 대해 턱을 괴고 골몰"하여 "저마다의 세상을 짓기 시작했다"라고 말한다. 그것은 "행복이 슬픔의 지면에 넘나들기도 하고 복수가 우스꽝스런 잔꾀에 빠지기도" 하는 것이지만 "생(生)은 결국 한 권의 책이어서 다 채우고 나면 주마등처럼 줄거리가 눈앞에 펼쳐"지며 이 모든 것이 확률과 이성이 아닌 "감정에서 비롯되었으니 신들의 표정이 흡족"했노라고 설명한다. 데리다는 개념과 확률이라는 이성의 세계는 관념으로 감정을 통제하지만, 사람의 감성과 감각은 두 개로 설명될 수 없는 그러데이션의 세계라고 하였다. 한영미 시인은 자신의 시 세계가 이항대립으로 환원될 수 없는 다양한 것이라고 강조하고 있다. 비록 현실 세계가 상호 대립하는 것으로 채워져 있고 이분법적 관행을 통해 소통하는 화법을 지니고 있다 하더라도 시인은 이 세계가 "하나의 표지판을 가진 두 바다"(「다른 날 같은 자리에서 만나는 구름 이야기」)일 뿐 하나의 기표에 하나의 기의만 대

응되는 것이 아님을 강조한다. 이를 증명이라도 하듯이 이제 한영미 시인은 '가까움'에 대한 의미를 확인해 나간다.

## 관계라는 의미의 재-객관화

'가깝다'라는 단어는 "어느 한 곳에서 다른 곳까지의 거리가 짧다.", "서로의 사이가 다정하고 친하다.", "어떤 수치에 근접하다." 같은 사전적 의미를 거느린다. 이는 물리적 거리뿐만 아니라 심리적 거리를 포함해 "두텁다, 긴밀하다"라는 유의어를 파생한다. 한영미 시인은 이러한 사고방식 역시 확률일 뿐이라고 말하면서 이분법적 세계를 해체하여 유연한 사고방식, 그러데이션의 세계로 들어가자고 말한다.

> 스며드는 것들에는 설명이 있지 않다 태도가 본심의 얼룩이라면 불쑥 나타나는 게 마음이다 비가 오는 날은 나이도 마찰지수가 떨어져 시간도 느려진다
>
> 근접해 있어도 내게 없는 사람들이 있다 멀리 있어도 나와 함께 살아가는 사람들이 있다 시선이 놓지 못하는 것, 일기 불순은 언제나 거기서부터 비롯된다
> ―「영향권에 든다는 예보」 부분

  얼고, 얼지 않는 거리를 사이에 두고 두 감정이 오간다 어디쯤이니? 따뜻한 나라, 보고 싶다는 말을 쉽게 꺼내는 너와 꺼내기 어려운 나, 눈을 한 번도 본 적 없다던 그곳 아파트 관리인 이야기를 하며 풀렸다 서로 모르는 마음 같은 것도 있다고, 오늘도 나는 너를 위해 기도했다 너는 나를 늘 염려한다고 했다 기도가 염려에 닿으면 기도 일부가 서로의 안녕이 될까 나는 이제 아프지 않아서 곁을 떠났다고 생각하지만 너는 아프지 마, 라고 말했다 그곳에서도 폭죽 터지는 소리가 들렸다 보고 싶다, 라는 말이 묻혔다 너는 뭐라고 했어? 라고 되묻고 주변에선 이방(異邦)의 언어가 재촉을 했다 나는 메리 크리스마스, 라고 대답했다 너의 웃음소리가 잠시 내게 머물다 엷어진다 종소리처럼
       ―「한여름의 크리스마스」 전문

 '가깝다'는 것은 "스며드는 것들에" 있는 것이지 사전적 의미처럼 "어떤 수치에 근접"한 것이 아니다. "근접해 있어도 내게 없는 사람들이" 있고 "멀리 있어도 나와 함께 살아가는 사람들이" 있는 것처럼, '가깝다'나 '멀다'의 의미는 이성의 세계가 거느리는 개념과 확률의 의미로 정해질 수 없는 감각의 영역이다. 시인은 스며듦에 대한 믿음을 지닌 채 그것을 박대하는 세상에서 꼿꼿이 견뎌내고 있는데 그 순간 "얼고, 얼지 않

는 거리를 사이에 두고 감정이 오간다"고 시인은 진술한다. 그리고 "너를 위해 기도"를 하자 "너는 나를 늘 염려"한다. 아무리 먼 곳에 떨어져 있어도, "이방(異邦)의 언어가 재촉을" 해도 "보고 싶다"와 "아프지 마"라고 말할 수 있는 마음은 "함께 살아가는 사람들"에게 있는 것이지 멀리 있거나 근접해 있고의 문제가 아니다. 시인은 '가깝다'의 의미 하나로 충분히 이항대립의 세계의 허구를 드러내고 있는 셈이다. 이것은 철학적 접근이나 탐구가 아니라 상식에 의존하는 것인데, 이 세계는 빛으로 인해 어둠이 나빠지는 방식으로 자리하는 것이 아니라 그저 '중첩'과 그러데이션의 세계로 존재한다는 것이다. 빛이 존재론적 우위를 차지하는 순간 어둠은 열등한 것이라는 이데올로기가 작동하기 시작하고 그것이 만들어내는 허상에 근거한 힘은 더욱 막강하게 된다. 그만큼 한영미의 시는 모든 순간이 시적이며, 형식과 시어에 치중하느라 독자의 독서 진도를 방해하는 일도 없으며, 자신의 사유를 이미지나 시어에 매여 기술하는 것을 망설이지 않는다.

### 이항대립의 문 열기

한영미 시인은 「슈뢰딩거의 이별」, 「마술의 실재」, 「나를 넣어 기르는 장(欌)」 등에서 '상자'의 이미지를 사용하고 있다.

상자는 가둠, 한계, 닫힘을 상징하는 이미지이지만, 그에게 '상자'는 삶과 죽음이 '중첩'되어 있는 슈뢰딩거의 고양이와 같은 의미를 띤다.

> 상자는 너에 대한 나의 두 마음
> 나의 두 마음이 너를 향한 확률
>
> 너는 살아서 빛나는 파란 눈을 보지 못하고
> 죽어서 굳게 내리감은 눈꺼풀을 본다
>
> 손을 넣어 등을 만져볼 기척도 없이
> 흔들어 깨워볼 겨를도 없이 너는,
>
> 죽음을 쓰다듬는다
> 쓰다듬는다 죽음을
>
> 그 순간부터 나는 고양이,
> 그에 걸맞은 이별의 자세가 된다
> ―「슈뢰딩거의 이별」 전문

화자는 '슈뢰딩거의 고양이' 은유를 통해 상자를 열기 전까지 고양이가 삶과 죽음이 중첩된 상태에 있음을 말한다. "손을 넣어 등을 만져"보고 기적도 없다면 죽음이라는 하나의 상태로 확정하는 것이 가능하겠지만, 상자 속에 손을 넣지 않는다면 고양이의 죽음은 확인되지 않는다. "상자는 너에 대한 나의 두 마음"이며 "나의 두 마음이 너를 향한 확률"일 뿐이다. 죽음이 삶의 이면이 아니라 삶에 중첩된 모습이라고 이해할 때, 우리는 삶과 죽음에 대한 어떠한 편견에도 사로잡히지 않게 된다. 한영미 시인은 지팡이가 앞을 못 보는 사람의 길을 안내해 가듯이, 시를 통해 독자를 자신의 사유로 인도하며 무채색의 의미, 탈색된 감정들, 메마른 사유를 생기 있게 채워가자고 촉구하고 있는 것이다.

### '나'가 쌓여가는 '나'

시는 시인의 경험으로 세계를 기록한다는 점에서 시인의 역사라고 말해도 지나치지 않다. 그것은 어제의 경험과 오늘의 경험이 쌓인 결과물인 셈이다. 만약 시인이 내일 경험하게 될 세계를 중첩하여 기록해 간다면 어떻게 될까? 그것을 기록한 시인은 어제의 시인과 같다고 할 수 있을까? 시인에게 모든 것이 중첩해서 나타나 어느 것 하나 투명해져 버리는 법 없이 같은 점에 위치해 보이더라도, 어제와 오늘의 '나'는 절대 같지 않다. "모든 것은 각자의 시간이 겹쳐진 세계라서,/너는 나라는 눈동자를 보지" 못하고 "부단히 애를 써보지만 그럴수록/ 무수히 많은, 서로 다른 세계로 갈라"(「잠의 세계」)질 뿐이기 때문이다.

> 몇 마디 말을 나누어도
> 상대의 안에서 작동하는 그 무엇,
> 마치 전체를 보고 나서
> 다시 사소하게 돌아오는 것처럼
>
> 아무리 숨겨도 훤히 바라볼 수 있는 눈
> 사람들은 이런 네게
> 사람이 달라졌다고 한다
>
> 머리카락이 다시 자라기 시작했고
> 15kg이나 빠져버린 몸은 마른 나뭇가지 같지만
> 눈매는 깊어졌다
> 너는 이제 곧 살이 오를 것이다
> 하지만 예전으로 돌아가도
> 이전과 같을 수 없는 것은
> 볼 수 없는 것을 보았기 때문이다
>
> 긴 어둠의 터널 끝에서 펼쳐지던

실꾸리 같은 빛의 형상

그것은 이 세상의 것이 아니어서

밖에서 안을 들여다본다

너는 내 안에 들어 있는 너를

다시 네 안에 들어 있는 나와

내 안에 들어 있는 너를 보았고

가까운 이름들을 차례로 떠올리다가

마침내 네가 낳은 사랑을 입속으로 불렀던가

그리고 마지막엔 네 이름조차 놓아버렸던 그때,

비로소 주어졌던

함구해야 할 차원이 생겼다

—「알렙」 전문

  시는 과거의 경험을 기록하지만, 기록되거나 낭송되는 순간 끊임없이 새로운 출발을 하면서 자신을 드러낸다. 이를 일러 '육화하는 장소'(옥타비오 파스, 김홍근·김은중 옮김, 『활과 리라』, 솔, 1998, 243쪽)라고 불러도 좋을 것이다. 공동의 언어는 계속해서 사라지고 생성되며 존재자는 매일 흘러가는 순간의 연속성을 쌓아 올리며 경험을 중첩해 간다. 그러므로 보르헤스 소설 제목이기도 한 「알렙」은 우리가 잘 알지 못할 뿐이지, 어제와 오늘, 내일의 '나'가 "모든 시간과 모든 공간과 모든 현상과 모든 사물이 함께"(호르헤 루이스 보르헤스, 황병하 옮김, 『알렙』, 민음사, 1996, 251쪽) 있으면서도 어느 하나의 상태로 절대 환원될 수 없음을 환기한다. 우리는 "몇 마디 말을 나누"고 상대를 판단한다. "안에서 작동하는 그 무엇"이 있기 때문이다. "마치 전체를 보고 나서/다시 사소하게 돌아오는 것처럼" 그렇게 우리는 모든 것을 그런 방식으로 판단한다. 특별히 매일 경험과 인식이 중첩되어 변화하는 가운데서도 우리는 "네게/사람이 달라졌다고" 무심코 말한다. 모든 것은 달라지게 마련인데 달라지지 않는 것이 당연한 것처럼 말하는 것은 무엇에 근거한 것일까? 그것은 "머리카락이 다시 자라기 시작했고/15kg이나 빠져버린 몸은 마른 나뭇가지 같지만/눈매는 깊어졌다/너는 이제 곧 살이 오를 것이다/하지만 예전으로 돌아가도/이전과 같을 수 없는 것은/볼 수 없는 것을 보았기 때문"이다. 우리는 결코 어제의 '나'로 돌아갈 수 없다. 시간과 경험이 중첩되어 '나'는 나로 중첩되어가기 때문이다. 그저 우리는 "이어지지 않는 파편"처럼 "잇대어져"(「평범한 아침」) 있을 뿐이다. "예리하게 베어낸 자리에 새 잎이" 돋고 "과감하게 버릴 줄도 알아야" "점차 내 안에 나도 모르는 얼굴이 생겨"(「그루밍」)날 수 있다. 시인은 사람들이 생각하는 사고방식을 버려야만 한다. 그래야 새순이 돋아나

듯 새로움이 돋아나는 미래로 들어갈 수 있다. 그래야 "두 그루 심은 백합"이 "올봄에 네 그루가 되어 돌아"오게 할 수 있을 것이다. "그들 속에 있으면 나도 무한히 피고 지기를 반복하는 식물 같아서//활짝 피었던 생에서 어떤 꽃 도둑에 들러/어딘가 또 다른 목숨으로 피게 될지도 모른다는 생각"(「꽃 도둑」)이 피어오를 것이다.

## 진실의 이면(裏面)과 부정의 여정

한영미 시인은 객관의 세계에서 찾아낸 것이 과연 '새로움'이자 진실이 될 수 있을까? 라고 묻는다. 그리고 '나'로 채워지는 시에서 그 진실은 여전히 '나'에게 유효한가 물으면서 객관의 세계를 휘젓고 있다. 이제 시인은 진실로 믿어왔던 것이 그 진실이 옳은가 물음으로써 객관 세계의 모순을 폭로한다.

> 수많은 오독은 서로를 오가면서
> 전부를 내어주기도 했고,
> 전부를 외면하기도 했다
>
> 그 거짓을 확인하고 싶어졌다
> 그것이 질문에 답이 된다면

손 하나를 내어주고 싶었다

대리석 표면엔 강의 신 홀르비오의 얼굴이 새겨져 있었다

강물은 밖에서 보면 하나의 얼굴이지만
안에서 보면 숨겨진 무수한 결이다

진실의 입이 하수구 맨홀 뚜껑이라니
악취의 범람을 막기 위한 홀이 입이라니

궁금한 의문들이 계속해서 대리석 가면에 들어갔다
닿지 않는 속에 손은 잠시 닿은 것 같았다

그러나 거짓은 없었다,
사실만 존재할 뿐

거짓을 말하는 순간에도 진실은 네게 있었다
―「진실의 입」 부분

시적 화자는 '진실'이라는 그 거짓을 확인하고 싶어서 그리고 그것이 질문에 답이 된다면 손 하나 내어주고 싶어 손을

내밀었다. "대리석 표면엔 강의 신 홀르비오의 얼굴이 새겨져" 있었는데 "진실의 입이 하수구 맨홀 뚜껑"이었음을 알게 된다. "악취의 범람을 막기 위한 홀이" "진실의 입"이라니. 물론 "거짓은 없었다,/사실만 존재할 뿐"이다. 우리는 "진실들이 줄 서고" 있는 세계에 살고 있다. 그 세계에서 "수많은 오독"이 "서로를 오가면서/전부를 내어주기도 했고,/전부를 외면하기도" 했다. 그러한 진실을 "펼친다는 건 하나의 세상을 만난다는 것"(「∞」)이지만 그 세계의 진실을 "덮는다는 건 그 세계를 허문다는 것"(「∞」)이다. 우리는 신화가 권력자에 의해 진실이 되고 자연물이 상업적 용도로 진실이 되는 세계 속에서 진실을 가리느라 분주하기만 하다. 이 세계에서 우리는 "수많은 오독"을 주고받으면서 살아간다. 겉과 바깥에서 진실을 볼 수 없다. "강물은 밖에서 보면 하나의 얼굴이지만/안에서 보면 숨겨진 무수한 결"로 이루어져 있기 때문이다. 그 속에서 바깥을 내다볼 때, 그 속에 들어갔다가 마침내 나올 때, 우리는 다양한 무수한 결로 이루어진 그러데이션의 세계를 발견할 수 있게 된다.

 한영미 시인은 이분법적으로 양분된 것을 허물어야 한다는 믿음을 통해, 실천적 행위가 이루어지기 어려운 현실을 통해, 우리의 선험적 지식이 틀렸음을 지적하면서 세계를 이루고 있는 참과 진실, 사실이라고 믿는 것들의 허상을 부수고 있다. "내가 아닌 물고기가/내가 되어버리는"(「시인의 말」) 것은 '나'를 지탱하고 있는 사고와 사유방식, 진실이라는 믿음을 버리는 것을 의미할 것이다. 시인은 새로운 돌탑을 쌓아 올린다. "해변엔 돌탑만 남아/뭉그러져 가는 서녘으로 무너질 듯 말 듯/기울어간다 물살이 밀려올 때마다/모서리 쓸어 달각대며 흔들리기도 한다/한 번의 파도에도/어떤 돌은 금세 휩쓸리고,/어떤 돌은 박힌 듯 남아 더 단단히 새겨"지기도 한다. "돌탑은 바다를 견디는 게 아니라/바다를 놓아주는 게 아닐까"라는 한영미 시인의 사유는 "검은 모래가 익명을 끝없이"(「검은 모래 해변과 돌탑들」) 늘여가는 세계야말로 해방된 사유라고 말하는 것이다.

'나'를 중심으로 보자면, 우리는 세계의 개별성과 독창성을 발견할 수 없다. 주어진 선험적 지식, 언어, 사고방식에서 벗어나기 어렵기 때문이다. 따라서 우리는 매일 변화하는 '나'와 '언어', '사유', '시공간' 속에서 오늘 역시 어제의 '나'로 살고 있지는 않았는지 되물어볼 필요가 있다. "내일과 오늘이 다시 만날 수 없듯이/나는 나를" 매일 "앓고"(「내 안의 타인」) 달라진다. 시인은 우리가 어제의 '언어'와 '사유방식'을 이용해 오늘과 내일의 세계를 이해하거나 새로움을 찾으려고 하진 않았는지 묻는다. 이 같은 사유는 "같은 듯 다른 눈빛"으로 "나를 다시 끼워 넣는"(「타자」) 일이다. 시인은 말한다. "무한으로 가는 수많은 문장 중의 나를/고를 수 있다면/그것이 사는 이유라면,/죽고 태어나는 건 주술 관계일 뿐"(「유고 시집」)이라고.

   세계는 중첩의 세계다. '너'의 눈으로 포착되고 '나'의 눈으로 포착된 것이 중첩되어 만들어진다. '너'의 언어와 '우리'의 언어로 '나'의 언어와 세계를 볼 수 없다. "그 모든 것은 각자의 시간이 겹쳐진 세계라서,/너는 나라는 눈동자를 보지"(「잠의 세계」) 못하기 때문이다. 이런 믿음과 사유의 시작은 늘 어려울 수 있고 또 "언제나 이렇게 단순"(「마술의 실재」)하겠지만, "나는 당신 꿈에 주입된 복제본"이 아닌 시인은 끊임없이 "당신에게서 나를 깨어내고"(「누군가 나를 꿈꾸기를 멈춘다면」) 있는 것이다. 물론 "몸이라는 장(欌)이 있어/갇히는 것과 가두는 것의 의미가 생겨난 것이겠지"만 "비좁은 바다에서 사랑이 사랑을 낳는다는 것도/알게 되는" 것처럼 "한 생을 온전히 넣어 두어야 할 새장은/저마다 있"다. 그래야 "새장 열고 새를 날려 보내듯/내가 나를 놓아줄 수 있"(「나를 넣어 기르는 장(欌)」)을 테고, 세계의 미시적 움직임을 포착하고 새로움은 끊임없이 생성될 수 있을 테니 말이다. 같은 악보를 보고도 연주자에 의해 연주가 달라지듯, 같은 재료와 과정과 방식을 사용해도 달라지는 마술의 세계처럼, 미시적 세계를 포착하려는 시인의 철학적 인식과 태도야말로 깊게 뿌리내린 언어의 배열, 시어, 사유방식이라는 틀에서도 시인에게 자유로운 연주를 가능하게 하지 않았을까 생각해 본다. 이제 모든 존재자가 쏟아내는 미시의 의미가 넘쳐나고 중첩되며 그러데이선 되기를 희망해 본다.

시인동네 시인선 234

# 슈뢰딩거의 이별
ⓒ 한영미

| | |
|---:|:---|
| 초판 1쇄 인쇄 | 2024년 7월 11일 |
| 초판 1쇄 발행 | 2024년 7월 18일 |
| 지은이 | 한영미 |
| 펴낸이 | 김석봉 |
| 디자인 | 헤이존 |
| 펴낸곳 | 문학의전당 |
| 출판등록 | 제448-251002012000043호 |
| 주소 | 충북 단양군 적성면 도곡파랑로 178 |
| 전화 | 043-421-1977 |
| 전자우편 | sbpoem@naver.com |

ISBN 979-11-5896-655-3  03810

*이 책의 판권은 지은이와 문학의전당에 있습니다.
*양측의 서면 동의 없는 무단 전재 및 복제를 금합니다.
*잘못 만들어진 책은 바꿔드립니다.